Zebra 2

Wissensbuch Sprache/Lesen

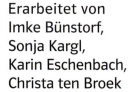

Erarbeitet von
Imke Bünstorf,
Sonja Kargl,
Karin Eschenbach,
Christa ten Broek

Wissenschaftliche Beratung
Prof. Dr. Cordula Löffler

Ernst Klett Verlag
Stuttgart · Leipzig

Inhalt
Sprache

Richtig abschreiben 4

Diktate üben 5

Ordnen nach dem Abc 6

Laute und Silben 7–9
Selbstlaute, Mitlaute, Umlaute, Zwielaute, Silben

Nomen (Namenwörter) 10–12
Begriff, Großschreibung, Artikel, Einzahl und Mehrzahl,
Zusammengesetzte Nomen, Verkleinerungsformen

Verben (Tuwörter/Tunwörter) 13
Begriff, Wortstamm und Endung

Adjektive (Wiewörter) 14
Begriff, Endung, Gegenteilige Adjektive

Satzarten – Satzzeichen 15–16
Aussagesätze, Ausrufesätze, Fragesätze

Kurze Selbstlaute und Umlaute 17

Merkwörter mit langen Selbstlauten 18

Wortfamilien und Wortbausteine 19–20
Wortstamm, Vorangestellte und nachgestellte Wortbausteine

Verlängern und Ableiten 21–22

→ AH 🎈 S.1   Am Rand unten steht, wo du weiterarbeiten kannst.

2

Inhalt
Lesen/Schreiben

Eine Heftseite gestalten 23

Ein Gedicht anordnen 24

Ein Gedicht auswendig lernen 25

Eine Einladung schreiben 26

Gesprächsregeln 27

Informationen im Text finden 28

Nachschlagen 29

Sich in einer Bücherei zurechtfinden 30

Ein Buch vorstellen 31

Eine Geschichte nacherzählen 32

Ein Theaterstück planen 33

Texte vortragen 34

Etwas beschreiben 35

Abc der Textforscher 36–40

→ AH S. 1 Am Rand unten steht, wo du weiterarbeiten kannst.

Richtig abschreiben

Wenn du einen Text abschreibst,
arbeite nach den folgenden Schritten:

- Lies den Text.

- Lies nun die ersten Wörter.
  Merke dir schwierige Stellen.

- Decke die Wörter ab.
  Sprich die Wörter und
  schreibe sie auswendig auf.

- Verfahre weiter so, bis du den Text
  vollständig abgeschrieben hast.

- Vergleiche nun mit der Vorlage.
  Verbessere Fehler.
  Streiche das falsche Wort durch.
  Schreibe es richtig darunter.

Das neue Haus

Wir sind umgezogen. | Unser neues Haus ist sehr schön. |
Meine Schwester und ich | haben nun beide | ein eigenes Zimmer. |
Darüber bin ich glücklich. | Aber ich habe auch | ein wenig Angst. |
Denn ich muss nun | in eine neue Klasse gehen. |
Ob ich schnell | Freunde finden werde?

1. Schreibe den Text ab. Achte auf die einzelnen Schritte.

Tipp: Wenn du deinen Text von hinten nach vorn vergleichst,
ist es einfacher, die Fehler zu finden.

Diktate üben

Schleichdiktat

- Lies den Text. Achte auf schwierige Wörter.
- Schneide die Sätze auseinander.
  Lege sie vom Schreibplatz weg.
- Merke dir die ersten Wörter.
  Schleiche auf deinen Platz zurück. Schreibe sie auf.
- Mache es so mit allen Sätzen.
- Hole die Satzstreifen.
  Vergleiche Wort für Wort. Verbessere Fehler.

Dosendiktat

- Lies den Text. Schneide die Sätze auseinander.
- Merke dir den ersten Satz. Lege den Streifen in die Dose.
- Schreibe den Satz auf.
- Mache es so mit allen Sätzen.
- Nimm die Streifen aus der Dose.
  Vergleiche Wort für Wort. Verbessere Fehler.

Partnerdiktat

Das Partnerdiktat übt man zu zweit.
- Lest den Text gemeinsam.
  Sprecht über die schwierigen Wörter.
- Diktiere deinem Partner Wortgruppen.
- Macht dein Partner einen Fehler, sage „Stopp!".
  Hilf ihm, wenn er den Fehler nicht alleine findet.
- Ist der Text geschrieben, vergleicht gemeinsam mit der Vorlage.
- Tauscht die Rollen. Dein Partner darf diktieren.

Tipp: Du kannst auch nur die schwierigen Wörter üben.

Ordnen nach dem Abc

Wörter werden nach dem Abc geordnet,
damit man sie schneller findet.

1. Schreibe die Namen der Kinder nach dem Abc geordnet auf.

Ist der erste Buchstabe gleich, musst du
die Wörter nach dem zweiten Buchstaben ordnen.

| Susanne | Sören | Selina | Sven | Silvia |

2. Schreibe die Namen dieser Kinder nach dem Abc geordnet auf.

Sind der erste und der zweite Buchstabe gleich, musst du
die Wörter nach dem dritten Buchstaben ordnen.

| Alwin | Alina | Almut | Aldin | Alexander |

3. Schreibe die Namen dieser Kinder nach dem Abc geordnet auf.

Tipp: Du kannst die Wörter einfacher nach dem Abc ordnen,
wenn du sie auf einzelne Zettel schreibst.

Selbstlaute

Die Buchstaben **a**, **e**, **i**, **o**, **u** heißen Selbstlaute.
Sie klingen selbst.

1. Schreibe weitere Sätze.
   Umkreise alle Selbstlaute am Wortanfang.

Mitlaute

Alle übrigen Buchstaben heißen Mitlaute.
Sie klingen nur in Verbindung mit einem Selbstlaut.

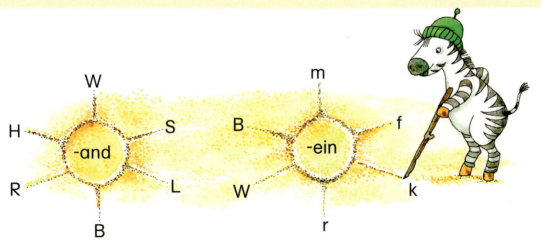

2. Schreibe die Wörter auf.
   Umkreise alle Mitlaute am Wortanfang.

→ AH S. 16

Umlaute

Aus den Selbstlauten **a**, **o** und **u** werden oft
die Umlaute **ä**, **ö** und **ü** gebildet:
der **A**rm – der **Ä**rmel, fr**o**h – fr**ö**hlich, der Gr**u**ß – die Gr**ü**ße.
Manchmal gibt es keine Ableitung: z. B. B**ä**r, K**ä**se.
Diese Wörter musst du dir merken.

3. Schreibe die Wörter auf. Setze ä, ö oder ü ein.

4. Welche Wörter kannst du ableiten?
   Schreibe so: *die Würfel - der Wurf, ...*

Zwielaute

Zwielaute setzen sich aus zwei Selbstlauten zusammen:
au, **eu**, **äu**, **ei**, **ai** und **ie**.

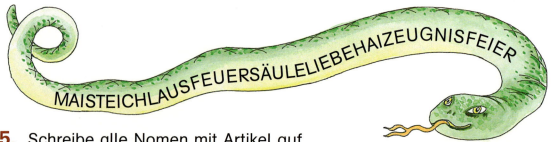

5. Schreibe alle Nomen mit Artikel auf.
   Umkreise die Zwielaute.

8 → AH S. 17

Silben

Su san ne und Ab dul lah   ra deln   in die Schu le.

> Wörter kann man nach Silben schwingen und trennen.
> Jede Silbe enthält einen Selbstlaut, Umlaut oder Zwielaut:
> l**e** - s**e**n, M**ä**d - ch**e**n, Sp**ie** - g**e**l - **ei**, h**ü**p - f**e**n.
>
> Wörter mit doppeltem Mitlaut werden meist zwischen
> diesen getrennt: der Ha**m** - **m**er, die Hi**t** - **z**e.

Rosenblüte · Sonnenschein · Achterbahn · Tannenzapfen · Regenbogen

6. Schwinge die Nomen nach Silben.
Schreibe dann so: *Ro - sen - blü - te, ...*
Umkreise in jeder Silbe den Selbstlaut oder Umlaut.

> Bei der Trennung von mehrsilbigen Wörtern
> bleibt **ck** immer zusammen: der Zu - **ck**er, stri - **ck**en.

Dicke Schnecken verstecken sich unter der Hecke.
Zuckerstückchen schmecken lecker.

7. Schwinge die Sätze nach Silben.
Schreibe dann so: *Di - cke ...*

Tipp: Mehrsilbige Wörter kann man zwischen **ng** und **nk**
trennen: die Sta**n** - **g**e, die Fu**n** - **k**en.

→ AH S. 6

9

Nomen

Menschen, Tiere, Pflanzen und Dinge haben Namen.
Sie werden durch Nomen (Namenwörter) bezeichnet.
Du musst sie großschreiben.

| Affe | laufen | Straße | dünn | Blume | lesen | Bäcker |
| Nina | Stift | scharf | traurig | Heft | sauber | essen |

1. Schreibe alle Nomen heraus.

Artikel

Vor Nomen können Begleiter stehen. Sie heißen Artikel.
Es gibt bestimmte Artikel: **der** Tisch, **die** Tür, **das** Fenster.
Es gibt unbestimmte Artikel: **ein** Tisch, **eine** Tür.

2. Schreibe alle Nomen mit bestimmtem und unbestimmtem Artikel so auf: *das Buch – ein Buch, der . . .*

Tipp: In manchen Sätzen stehen keine Artikel vor den Nomen. Du erkennst ein Nomen, wenn du einen Artikel vor ein Wort setzen kannst. Dann musst du das Wort großschreiben.

Einzahl und Mehrzahl

Die meisten Nomen können in der Einzahl und in der Mehrzahl stehen: das **Buch** – die **Bücher**, ein **Buch** – viele **Bücher**.

Im Zimmer stehen ein Stuhl und ein Tisch. Auf dem Tisch liegen ein Buch und ein Heft. Im Regal liegen der Block und der Stift. An der Bank stehen die Schultasche und der Turnbeutel.

3. Schreibe den Text ab. Setze alle Nomen in die Mehrzahl. Schreibe so: *Im Zimmer stehen Stühle und . . .*

Tipp: In der Mehrzahl heißt der bestimmte Artikel immer „die".

Zusammengesetzte Nomen

Nomen kann man zusammensetzen:
das Zebra, die Streifen: die Zebrastreifen.
Mit zusammengesetzten Nomen kannst du Dinge genauer beschreiben:
Ich möchte nicht irgendein **Eis**, sondern ein **Erdbeereis**.

→ AH S.38   → AH S.56   11

| Kuh | Vogel | Fuchs | Frosch | Hamster | Wurm |
| Bau | Nest | Stall | Loch | Teich | Käfig |

4. Bilde zusammengesetzte Nomen.
Schreibe so: *die Kuh, der Stall: der Kuhstall, ...*

Tipp: Bei zusammengesetzten Nomen richtet sich der Artikel nach dem zweiten Nomen.

Verkleinerungsformen

Der Riese trägt einen Hut,
der Zwerg ein Hütchen.

> Durch das Anhängen der Wortbausteine
> -chen oder -lein kannst du Nomen für kleine Dinge bilden:
> die Hand – das Händ**chen**, der Ring – das Ring**lein**.
> Aus **a**, **o** und **u** wird dabei meist **ä**, **ö**, **ü**; aus **au** meist **äu**.

Der Riese wohnt in einem grünen Haus.
Es hat sieben Fenster und eine Tür.
Neben seinem Bett steht ein Stuhl.
Darauf legt er abends seine Hose und
seine Jacke.
Die Schuhe stellt er unter den Stuhl.

5. Verändere die Nomen durch die Endsilbe -chen.
Schreibe so: *Der Zwerg wohnt ...*

Tipp: Die Artikel heißen bei den Verkleinerungsformen in der Einzahl immer **ein** oder **das**: **ein** Türchen, **das** Stühlchen, ...

Verben

Verben (Tuwörter/Tunwörter) sagen dir, was jemand tut oder was geschieht. In der Grundform haben sie meistens die Endung **-en**, manchmal aber auch **-eln** und **-ern**: spring**en**, tramp**eln**, flüst**ern**.

Die Hunde	Die Enten	Die Affen	Die Katzen	Die Gänse
miauen.	schnattern.	bellen.	watscheln.	klettern.

1. Bilde Sätze. Unterstreiche die Verben.

Verben können ihre Form verändern.
Sie haben in der Personalform oft andere Endungen als in der Grundform. Die Endung hängt davon ab, wer was tut:
ich geh**e**, du geh**st**, er geh**t**, wir geh**en**, ihr geh**t**, sie geh**en**.
Das, was gleich bleibt, nennt man Wortstamm.

sing**en**	kauf**en**	lauf**en**
ich…		
du…		
er…		
⋮	⋮	⋮

2. Zeichne die Tabelle. Bilde alle Personalformen.
Umkreise alle Endungen.

Tipp: Um ein Wort als Verb zu erkennen, kannst du ein Nomen davor setzen: schaukeln – Der Affe schaukelt.

→ AH S. 45/46   → AH S. 57   13

Adjektive

Adjektive (Wiewörter) beschreiben, wie Menschen, Dinge, Tiere und Pflanzen sind oder aussehen:
Der Junge ist **freundlich**. Der Baum ist **groß**.
Adjektive verändern ihre Endung, wenn sie vor Nomen stehen:
der freundlich**e** Junge, der groß**e** Baum.

Petra beobachtet die ▒▒▒▒ Ameisen.

Der Skorpion hat einen ▒▒▒▒ Stachel.

Das ▒▒▒▒ Quaken der Frösche ist weit zu hören.

Der Gepard ist ein ▒▒▒▒ Läufer.

laut

schnell

giftig

fleißig

1. Bilde Sätze mit den passenden Adjektiven. Umkreise die Endungen.

Gegenteilige Adjektive

Mit dem vorangestellten Wortbaustein **un-** kannst du oft das Gegenteil der Adjektive ausdrücken: ruhig – **un**ruhig.

Nina schreibt ordentlich.
Tom liest einen freundlichen Brief.
Ayshe kommt pünktlich zum Fest.

2. Schreibe die Sätze ab und unterstreiche die Adjektive.
   Schreibe nun die Sätze mit den gegenteiligen Adjektiven auf.

→ AH S. 50/51

Satzarten – Satzzeichen

Alle Satzanfänge und Überschriften schreibt man groß.

Aussagesätze

Die meisten Sätze sind Aussagesätze. Mit ihnen wird etwas erzählt oder mitgeteilt. Nach einem Aussagesatz steht ein Punkt.

Der Igel ist ein Winterschläfer im Herbst sucht er sich einen geschützten Platz besonders gerne überwintert er in Blätterhaufen schon im Sommer hat er sich Fett angefressen so kann er schlafend auf den Frühling warten

1. Schreibe den Text mit Punkten auf. Achte auf die Großschreibung der Satzanfänge.

Ausrufesätze

Wenn jemand etwas ausruft, steht dies in einem Ausrufesatz: Nach diesen Sätzen steht ein Ausrufezeichen: Das ist ja prima!

Nun werde ich Vivien anrufen
Super, ich freue mich
Mein Vater ist Bäcker

Das ist ja ganz toll
Unsere Katze heißt Morle
Hallo, hier bin ich

2. Schreibe die Sätze ab. Setze die richtigen Satzschlusszeichen.

→ AH S. 31   → AH S. 33

15

Fragesätze

Mit Fragesätzen kannst du etwas erfragen.
Viele Fragesätze beginnen mit Fragewörtern:
Wer hat die Maus gesehen? **Wo** ist dein Vater?
Was macht der Affe?
Am Ende des Fragesatzes steht ein Fragezeichen.

| wer | wo | warum | wie | wann | wohin |

- hilfst du mir nicht
- heißt dein Bruder
- kommst du heute zurück
- gehst du
- hat sein Buch vergessen
- wohnt deine Oma

3. Schreibe die Fragesätze vollständig auf.

Es gibt auch Fragesätze ohne Fragewort.
Dann steht das Verb am Satzanfang:
Spielst du gerne mit deinem Bruder? **Hast** du das Buch **gelesen**?

Heute gehen wir ins Schwimmbad.
Morgen feiern wir Toms Geburtstag.
Im Sommer fahren wir nach Spanien.
Es hat den ganzen Tag geregnet.

4. Bilde Fragesätze ohne Fragewörter.
Schreibe so: *Gehen wir ...?*

16 → AH S. 32

Kurze Selbstlaute und Umlaute

Nach einem kurzen Selbstlaut/Umlaut schreibst du oft doppelte Mitlaute: die Mu**tt**er, der Ko**ff**er, la**ss**en, kna**bb**ern.

1. Schreibe die passenden Nomen auf.
Setze unter den kurzen Selbstlaut oder Umlaut einen Punkt.

Hörst du nach einem kurzen Selbstlaut/Umlaut ein **k**, so schreibst du meist **ck**: tro**ck**en, der Tri**ck**.

| hocken | Lücke | spucken | Socken | Mücke |

| gucken | Stücke | Locken | schlucken |

2. Schreibe die Reimwörter untereinander auf.
Setze unter den kurzen Selbstlaut oder Umlaut einen Punkt.

Hörst du nach einem kurzen Selbstlaut/Umlaut ein **z**, so schreibst du **tz**: pu**tz**en, das Gese**tz**.

Auf der Mauer schläft eine ▨.
Die Vögel ▨ sich vor dem Regen.
Am Himmel sieht man erste ▨.

schützen   Blitz   Katze

3. Schreibe die Sätze richtig auf.
Setze unter den kurzen Selbstlaut oder Umlaut einen Punkt.

→ AH S. 24/25

17

Merkwörter mit langen Selbstlauten

Wenn du Selbstlaute lang sprichst, schreibst du in einigen Wörtern nach den Selbstlauten ein **h**: k**eh**ren, der S**oh**n.

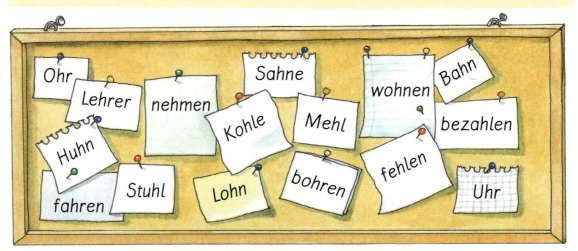

1. Ordne die Wörter nach ah, eh, oh und uh.
   Schreibe so: *ah – Bahn, ...*

Wenn du die Selbstlaute a, e, o lang sprichst, schreibst du sie in einigen Wörtern doppelt: das H**aa**r, das B**ee**t, das B**oo**t.

Kl___   P___r   W___ge   M___r   T___
Z___   S___le   S___l   F___   M___s

2. Schreibe die Nomen auf. Setze aa, ee oder oo ein.

Wenn du nach einem langen Selbstlaut, Umlaut oder Zwielaut einen scharfen s-Laut sprichst, schreibst du **ß**: die Stra**ß**e, flei**ß**ig.

| Strauß | fließen | Größe | Spaß | schließen | süß | gießen |

3. Bilde Sätze mit den Wörtern. Setze unter den langen Selbstlaut, Umlaut oder Zwielaut einen Strich.

18   → AH S.81   → AH S.79   → AH S.80

Wortfamilien

Wörter haben einen Wortstamm:
fahren, **eis**ig, **gelb**, das **Heft**, der **Schreib**er.

der Leser, schreiben, schmutzig, gehen, der Stuhl, laut, der Kopf, schwimmen, das Buch, rechnen, freundlich, bunt

1. Schreibe die Wörter ab.
   Unterstreiche den Wortstamm.

Wörter mit einem gemeinsamen Wortstamm bilden eine Wortfamilie. Die Mitglieder der Familie werden ähnlich geschrieben.

| überstehen | Stehlampe | verstehen | steht | Stehplätze |

Auf dem Schreibtisch ▓▓▓ eine ▓▓▓.
Hoffentlich ▓▓▓ wir diesen Sturm ohne Schaden.
Für dieses Konzert gibt es nur noch ▓▓▓.
Sprich lauter, wir ▓▓▓ dich nicht.

2. Schreibe die Sätze ab. Setze dabei die Wörter ein.
   Unterstreiche -steh-.

| laufen | die Meldung | der Lauf | abmelden | salzig |
| das Salz | melden | versalzen | der Läufer |

3. Schreibe die Wörter nach Wortfamilien geordnet heraus.
   Unterstreiche jeweils den Wortstamm.

→ AH S. 55

19

Wortbausteine

Vorangestellte Wortbausteine können vor fast allen Wortarten stehen. Mit ihnen kannst du neue Wörter bilden:
lesen – **vor**lesen, Fahrt – **Vor**fahrt, eilig – **vor**eilig, an – **vor**an.

| Mit-/mit- | Ab-/ab- | An-/an- | Vor-/vor- | Ver-/ver- |

| Fahrt | lesen | Freude | laufen |

1. Bilde neue Wörter. Schreibe so: *die Fahrt – die Abfahrt, …*
   Umkreise die vorangestellten Wortbausteine.

*Der Trickfilm ist unglaub**lich** lust**ig**.*

Einige Adjektive haben den nachgestellten Wortbaustein **-lich** oder die Endung **-ig**: herr**lich**, trau**rig**.

| wind- | sand- | ehr- | schmutz- | freund- |

| dreck- | herz- | mut- | fleiß- | deut- |

2. Bilde Adjektive mit -ig oder -lich.
   Schreibe so: *windig, …*

Tipp: Wenige Wörter haben die Endung **-isch**: himm**lisch**, stürm**isch**.

Verlängern

In diesem Zelt schläft ein Held.

> Wenn du nicht hören kannst, ob du ein Wort am Ende mit
> **t**, **p** oder **k** schreibst, verlängere es: die Pfer**d**e – das Pfer**d**,
> die Kör**b**e – der Kor**b**, die Zwer**g**e – der Zwer**g**.

d oder t?	Bil	Han	Elefan	Kin	Hef
b oder p?	Sta	Die	Ty	Sie	Lum
g oder k?	Fabri	Ber	Köni	Wer	Flu

1. Verlängere die Wörter.
Schreibe so: *die Bilder – das Bild, ...*

> Wenn du nicht hören kannst, ob du ein Wort am Ende mit
> **ng** oder **nk** schreibst, verlängere es: die Ri**ng**e – der Ri**ng**,
> die Bä**nk**e – die Ba**nk**.

Die gelbe Tasse steht im Schra .

In welches Regal gehört dieses Di ?

Tom ist schon seit Tagen kra .

2. Verlängere die Wörter. Schreibe die Sätze richtig auf.

→ AH S. 42/43   **21**

Ableiten

Manchmal musst du bei Verben die Grundform bilden.
So kannst du hören, wie du sie schreibst:
glau**b**en – er glau**b**t, fra**g**en – sie fra**g**t.

Sarah ✏️ eine Geschichte ins Heft.

Timo 🪚 die Bretter für das Regal.

Der Gärtner 🪏 ein Loch für den Baum.

3. Schreibe die Sätze richtig auf.

Seit vielen Nächten träume ich von Mäusen.

Zu fast allen Wörtern mit **ä** gibt es ein verwandtes Wort mit **a**:
die R**ä**der – das R**a**d, er tr**ä**gt – tr**a**gen.
Zu fast allen Wörtern mit **äu** gibt es ein verwandtes Wort mit **au**:
die H**äu**ser – das H**au**s, sch**äu**men – der Sch**au**m.
Gibt es kein verwandtes Wort mit **a** oder **au**,
schreibst du es in der Regel mit **e** oder **eu**: die D**e**cke, die **Eu**le.

| das Kätzchen | die Ärzte | die Mäuse | kälter |
| der Käfer | die Kräuter | er läuft | |

4. Bilde verwandte Wörter.
Schreibe so: *das Kätzchen – die Katze, …*
Ein Wort kannst du nicht ableiten.

Eine Heftseite gestalten

S. 25, Nr. 2   7. Mai

Viele Blätter

Die Blätter der Laubbäume sehen verschieden aus.
Sie unterscheiden sich in Größe, Form und Rand.
Ich habe ~~fier~~ Blätter gefunden: vier

- Kastanienblatt: Es ist groß, fingerförmig und gesägt.
- Lindenblatt: Es ist kleiner, herzförmig und gesägt.
- Buchenblatt: Es ist oval [1] wellig.   [1] und
- Pappelblatt: Es ist klein, rundlich und gezahnt.

Wenn deine Heftseite übersichtlich aussehen soll, achte auf Folgendes:

- Schreibe Seite, Nummer der Aufgabe und Datum darüber.
- Schreibe die Überschrift in die Mitte.
- Beginne am Zeilenanfang zu schreiben.
- Schreibe nicht über den Rand.
- Streiche falsch geschriebene Wörter nur einmal mit Lineal durch. Schreibe sie richtig darunter oder dahinter.
- Schreibe vergessene Wörter mit einer Zahl darunter.
- Unterstreiche immer mit dem Lineal.
- Schreibe Aufzählungen untereinander.

→ AH S. 13/24

Ein Gedicht anordnen

Esra sammelt Tiergedichte. Sie schreibt sie besonders schön ab.

Die Raupe

Die Raupe sitzt auf ihrem Blatt
und frisst sich satt.

Wenn sie das Blatt gefressen hat,
kriecht sie zum nächsten Blatt.

Ist die Raupe fett,
spinnt sie sich selbst ein Himmelbett,
schläft ein und träumt vom Fliegen.
Wir wünschen viel Vergnügen!

(Mög sie der Specht nicht kriegen!)
Friedl Hofbauer

Hofbauer, Friedl:
„Die Raupe", © bei der Autorin

Überlege, wie du das Gedicht auf der Seite anordnen willst.
Stelle dir folgende Fragen:

Wie verteile ich die Strophen auf der Seite?

Wie viele Zeilen hat jede Strophe?

Bekommst du die Wörter wie in der Vorlage auf eine Zeile?

Stehen die Reimwörter am Ende der Reihe?

1. Schreibe das Gedicht ab und gestalte die Seite.

Tipp: Schreibe das Gedicht mit Bleistift vor. Schneide die Zeilen aus und lege sie auf die Seite. So kannst du genauer planen.

Ein Gedicht auswendig lernen

1. Tom kann sich das Gedicht einfach nicht merken.
Kannst du dir denken, warum? Schreibe auf.

Wenn du ein Gedicht lernen willst, versuche es so:

- Suche dir einen ruhigen Platz.
- Lies das Gedicht zuerst ganz sorgfältig.
- Schlage Wörter nach, die du nicht verstehst.
- Lies Zeile für Zeile und sprich sie auswendig nach.
- Übe vor dem Spiegel.

Versuche es auch einmal mit folgenden Tricks:

- Lerne gemeinsam mit einem Partner.
- Male dir wichtige Dinge aus dem Gedicht auf.
- Du kannst das Gedicht abschreiben.
- Unterstreiche die Reimwörter in gleicher Farbe.
- Bewege dich zum Klang des Gedichtes.

2. Suche dir ein Gedicht aus. Lerne es auswendig.

→ AH S.72

Eine Einladung schreiben

So sieht die Einladung der Kinder der Klasse 2a an ihre Eltern aus:

> Liebe Eltern der Klasse 2a,
>
> wir laden Euch ganz herzlich
> zu unserem Theaterstück
> „Franz sucht seinen Freund" ein.
> Die Aufführung ist am 12. März um 17 Uhr.
> Wir spielen in der Aula unserer Schule.
> Wir freuen uns, wenn alle Eltern kommen!
>
> Die Kinder der Klasse 2a

Überlege zuerst: **Wen** willst du einladen?

Auf diese Fragen muss deine Einladung antworten:

Wozu willst du einladen?
Wann findet das Ereignis statt? (Tag und Uhrzeit)
Wo findet es statt?

Wer lädt ein? Unterschreibe mit deinem Namen.

> Ich lade Dich zu meinem Geburtstag ein. Er ist am 5. Juni. Ich freue mich, wenn Du kommst.
>
> Dein Tom

> Liebe Aysu,
> bald findet unser Gartenfest statt. Ich möchte Dich herzlich dazu einladen. Ich wohne in der Gartenstraße 33.
>
> Deine Birte

1. Lies die Einladungen.
   Überprüfe, ob alle Angaben vorhanden sind.

Gesprächsregeln

Um Gespräche gut zu führen, muss man folgende Gesprächsregeln beachten:

- Wir hören uns gegenseitig zu.
- Wir lassen den anderen ausreden.
- Wir fallen niemandem ins Wort.
- Wenn wir etwas nicht verstehen, fragen wir nach.
- Wenn wir uns über etwas ärgern, sagen wir das.
- Wir beschimpfen den anderen nicht.
  Wir bleiben immer höflich, beleidigen niemanden.

1. Welche Sätze passen zu einem guten Gespräch?
   Schreibe sie auf.

→ AH S. 8

Informationen im Text finden

Schlüsselwörter sind die wichtigsten Wörter in einem Text.
Sie „schließen" den Text auf. So kannst du vorgehen:

- Lies den Text.
- Schlage unbekannte Wörter nach.
- Lies noch einmal Satz für Satz.
  Unterstreiche die Schlüsselwörter mit Bleistift und Lineal.
- Lies nur die Schlüsselwörter. Hast du die Wörter unterstrichen, die dich an den ganzen Text erinnern? Verbessere.
- Unterstreiche nun mit einem Farbstift.

Frösche

Es gibt viele verschiedene <u>Frosharten</u>.
Bei uns kommen häufig der <u>Laubfrosch</u>,
der <u>Grasfrosch</u> und der <u>Teichfrosch</u> vor.
Frösche leben am <u>Wasser</u>.
Ihre <u>Eier</u> legen sie im Wasser ab.
Daraus schlüpfen <u>Kaulquappen</u>.
Sie entwickeln sich erst später zu <u>Fröschen</u>.
Frösche können sich <u>im Wasser</u> besonders <u>gut bewegen</u>.
Ihre <u>Hinterbeine</u> sind viel <u>länger</u> als ihre Vorderbeine.
Die Füße haben fünf <u>Zehen</u>, die durch <u>Schwimmhäute</u>
miteinander verbunden sind.

1. Suche dir einen anderen Text. Unterstreiche die Schlüsselwörter.

2. Schreibe sie untereinander heraus und erzähle mit Hilfe der Wörter den Text nach.

Tipp: Handelt ein Text von unterschiedlichen Dingen, unterstreiche mit mehreren Farben.

 → AH S. 18

Nachschlagen

Wenn du Informationen über Personen, Tiere, Begebenheiten oder eine Sache brauchst, kannst du in einem Lexikon nachschlagen. Die Wörter sind dort nach dem Alphabet geordnet.

Es gibt Lexika zu einzelnen Bereichen, zum Beispiel zu Tieren, Pflanzen oder Schriftstellern.

Es gibt Lexika, in denen Dinge aus allen Bereichen aufgeführt werden.

1. Schlage im Lexikon nach, ob ein Zebra ein Reptil oder ein Säugetier ist.

Tipp: Wenn du einen Begriff (z. B. Dackel) nicht findest, schlage unter seinem Oberbegriff (Hund) nach.

→ AH S. 37

Sich in einer Bücherei zurechtfinden

In der Bücherei findest du viele verschiedene Bücher. Damit man das gesuchte Buch schnell findet, sind sie nach Bereichen (Bastelbücher, Tierbücher, Gedichte, …) geordnet. In den Bereichen sind die Namen der Autoren nach dem Abc sortiert.

1. Ordne die Titel der Bücher den Oberbegriffen zu.
2. Ergänze Titel aus eurer Leseecke.

Wenn du dir nicht sicher bist, ob dich ein Buch interessiert, beachte Folgendes:

- In Sachbüchern findest du oft ein Inhaltsverzeichnis. Es gibt dir eine gute Übersicht über den Inhalt des Buches.
- Auf der Rückseite vieler Bücher steht oft ein Text. Er gibt dir Informationen über das Buch.

Tipp: Du kannst dir in der Bücherei die Suche nach einem Buch mit dem Computer erklären lassen.

Ein Buch vorstellen

Wenn du ein Buch vorstellen möchtest, kannst du einen Steckbrief schreiben. In ihm stehen wichtige Informationen zu dem Buch.

So könnte dein Steckbrief aussehen:

Mein Lieblingsbuch

Titel des Buches: *Oskar unter Verdacht*

Name des Autors: *Barbara Wendelken*

Das Buch ist ein *Krimi*

Die Hauptfigur ist *der Junge Oskar*

Davon handelt es: *Oskar wird verdächtigt Oma Heinickes Pudel geklaut zu haben.*

Mir gefällt das Buch, weil *es spannend ist und gut ausgeht für Oskar.*

1. Schreibe nach den Vorgaben einen Steckbrief für ein Buch.
2. Lies eine besondere Stelle aus dem Buch vor.

Tipp: Macht für alle Vorleser die gleiche Lesezeit aus.

→ AH S. 60

Eine Geschichte nacherzählen

Wenn du eine Geschichte nacherzählst,
kannst du nach folgenden Schritten vorgehen:

- Lies die Geschichte.
- Schneide so viele Erzählkarten aus, wie du Abschnitte hast.
- Nummeriere die Karten.
- Unterstreiche wichtige Stellen (Schlüsselwörter) im Text.
- Schreibe die Schlüsselwörter auf die Kärtchen.
- Kannst du mit den Karten den Text nacherzählen?
  Wenn nicht, ergänze weitere Schlüsselwörter.

Franz

Das Zebra Franz <u>gähnte</u>. Heute war aber auch gar nichts los! Die Großen hatten eine <u>Versammlung</u> und <u>mit</u> den <u>Kleinen</u> wollte er <u>nicht spielen</u>. Das war Franz zu <u>langweilig</u>.

Gerade wollten ihm die Augen zufallen, als er <u>etwas Rotes sah</u>.
Es <u>schwebte</u> langsam von oben herunter – gerade <u>vor seine Hufe</u>. Franz <u>stubste</u> es <u>an</u>. Es war ganz <u>leicht</u> und fühlte sich an wie Luft mit Haut. Bestimmt wollte das Ding <u>mit ihm spielen</u>. Doch da kam <u>Wind</u> auf. Das Ding flog hoch – und war weg.
Sicher musste es <u>nach Hause</u>.
Ob es morgen <u>wiederkommen</u> würde?

- Franz
- gähnte
- Versammlung
- mit Kleinen nicht spielen
- langweilig

(1)

- sah etwas Rotes
- schwebte vor seine Hufe
- stubste an
- leicht
- mit ihm spielen
- Wind
- nach Hause
- wiederkommen

(2)

1. Decke den Text ab.
   Erzähle die Geschichte mit den Erzählkarten nach.

2. Suche einen Text. Schreibe Erzählkarten und erzähle die Geschichte nach.

32 → AH S. 54

Ein Theaterstück planen

Die Kinder der Klasse 2b wollen das Märchen „Frau Holle" nachspielen. Zuerst lesen sie den Text.

Nun überlegen sie:

Welche Sprecherrollen gibt es?
Wer übernimmt sie?

Erzähler: Alex
Mutter: Tine
Goldmarie:
Pechmarie:
Frau Holle:
Hahn:

Welche Requisiten sind nötig?
Wer besorgt was?

Brunnen: Ariane
Apfelbaum: Fabio
Ofen:
Bettdecke:
Tor:
...

Wie viele Bühnenbilder benötigen wir?
Wer ist für sie verantwortlich?

Jeder schreibt den Text auf, den er sprechen muss.
Alle Texte werden dann in Reihenfolge hintereinander aufgeklebt und kopiert.
Jeder Sprecher erhält den Gesamttext und unterstreicht darin den Text, den er sprechen muss.

Die Klasse 2b legt die Zeiten für die Proben fest.
Jeder lernt seinen Text bis dahin auswendig.

Welche Kostüme brauchen wir?
Wer macht sie?

Mutter: Ayleen
Goldmarie: Tills Mutter
Pechmarie: Frau Dill
Frau Holle:
Hahn:

1. Spielt nach dieser Anleitung ein anderes Märchen nach.

→ AH S. 76

Texte vortragen

Du möchtest eine Geschichte so vorlesen,
dass man dir gern zuhört. Dann achte auf Folgendes:

- Suche einen Text aus, der dir gefällt.
- Lies den Text mehrmals.
- Übe die schwierigen Wörter einzeln.
- Betone wichtige Textstellen.
- Sprich laut und deutlich.
- Lies langsam – mache Pausen.
- Schau hin und wieder kurz deine Zuhörer an.
- Ändere den Ausdruck deines Gesichts so, dass er zum Text passt.
- Wenn zum Text Bilder gehören, zeige sie an der richtigen Stelle.
- Lies den Text zur Übung einem Freund vor.

Leon hat Angst

Er sitzt im Zimmer und liest.
Aber ist da nicht ein Geräusch im Flur?
Haben die Eltern die Haustür nicht richtig
abgeschlossen? Was soll er machen,
wenn nun ein Einbrecher im Haus ist?
Wenn wenigstens Waldi da wäre!
Leon kriecht unters Bett.
Ganz langsam öffnet sich die Tür.
„Hallo Leon, wo bist du? Wir haben dir
ein Eis mitgebracht", hört er die Stimme
seines Vaters. Ihm fällt ein Stein vom Herzen!

1. Übe die Geschichte so zu lesen, dass das Zuhören spannend ist.

Etwas beschreiben

Wenn du einen Gegenstand beschreibst, muss der Hörer oder Leser sich den Gegenstand genau vorstellen können.

> Daher achte bei einer Beschreibung auf folgende Punkte:
>
> - Beschreibe Größe, Farbe, Form und Material.
> - Beschreibe Besonderheiten.
> - Überlege eine Reihenfolge in der Beschreibung.
> - Benutze treffende Adjektive und Nomen.

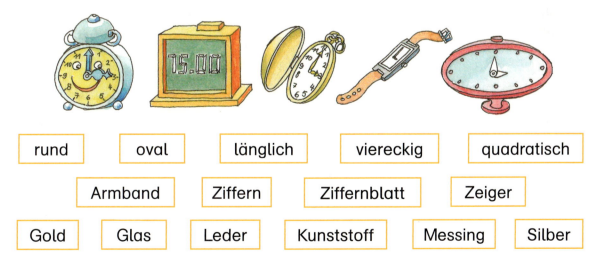

| rund | oval | länglich | viereckig | quadratisch |

| Armband | Ziffern | Ziffernblatt | Zeiger |

| Gold | Glas | Leder | Kunststoff | Messing | Silber |

1. Wähle eine Uhr aus. Beschreibe sie genau. Verwende die passenden Wörter.

→ AH S. 41/50

Abc der Textforscher

Autor/in

Das Wort heißt Schriftsteller/in oder Verfasser/in.
Es bezeichnet jemanden, der Gedichte, Geschichten oder
ganze Bücher schreibt.
Den Namen findest du auf dem Umschlag des Buches.
Eine berühmte Autorin ist Astrid Lindgren.
Wenn du eine eigene Geschichte aufschreibst,
bist du der Autor oder die Autorin dieser Geschichte.

Abschnitt (Textabschnitt)

Du hast sicher schon längere Texte gelesen.
Dann ist dir bestimmt aufgefallen, dass sie in einzelne
kleine und größere Stücke aufgeteilt sind.
Diese Teile heißen Abschnitte. Wenn innerhalb eines Textes
etwas Neues/Anderes beginnt oder die Erzählung
in eine andere Richtung geht, beginnt ein neuer Abschnitt.
Abschnitte helfen dir beim Lesen und Verstehen der Texte.

Bücherei (Bibliothek)

In einer Bücherei werden viele Bücher, CDs und
Zeitschriften gesammelt. Diese kannst du ausleihen.
In den meisten Schulen gibt es Büchereien für die Schüler.
In allen größeren Orten gibt es öffentliche Büchereien,
in denen sich Erwachsene und Kinder gegen eine Gebühr
Bücher ausleihen können.

Comic

Comics sind Bildstreifen, die dir eine Geschichte erzählen.
Oft erzählen Comics lustige oder komische Begebenheiten.
Den Verlauf der Geschichte kannst du beim Anschauen der
Bilder verfolgen. Das, was die Figuren sprechen, steht in
Sprechblasen, ihre Gedanken in Gedankenblasen.

Elfchen

Das Elfchen ist ein Gedicht, das sich nicht reimt.
Es besteht immer aus elf Wörtern,
die auf 5 Zeilen aufgeteilt sind:
1. Zeile = 1 Wort, 2. Zeile = 2 Wörter,
3. Zeile = 3 Wörter, 4. Zeile = 4 Wörter,
5. Zeile = 1 Wort.
Viele Elfchen beschreiben Dinge aus der Natur.

Erzählung

Wenn dir jemand erzählt, was er erlebt hat,
dann ist das eine Erzählung: das schönste Urlaubserlebnis oder
Schulgeschichten deiner Eltern. Du kannst Erzählungen lesen,
ihnen zuhören oder selbst erzählen und aufschreiben.
Es gibt auch Geschichtenbücher.
Darin findest du viele einzelne Erzählungen.

Figur

Als Figuren bezeichnet man Personen oder auch Tiere in Texten.
Sie spielen in den Geschichten wichtige Rollen und
bestimmen ihren Ablauf.
Du kennst sicher bekannte Figuren wie „Pippi Langstrumpf",
den „Räuber Hotzenplotz" oder „Die kleine Raupe Nimmersatt".

Fragebogen

Wenn du herausfinden möchtest, was andere
über eine bestimmte Sache wissen oder denken,
kannst du ihnen mehrere Fragen dazu stellen.
Einen Fragebogen erhältst du, wenn du diese Fragen
aufschreibst und darunter Platz lässt für Antworten.
Du kannst auch eine Auswahl an Antworten vorgeben.
Der Befragte muss dann seine Antwort ankreuzen.

Gedicht

Die Zeilen stehen geordnet untereinander und
reimen sich oft am Ende. Man nennt sie auch Verse.
Gedichte kannst du meist leicht an ihrer Form erkennen.
Häufig kannst du mehrere Abschnitte erkennen.
Das sind die Strophen.

Illustration

In vielen Büchern findest du zu den Texten
auch Bilder und Zeichnungen.
Sie helfen dir, den Text besser zu verstehen.
In Bilderbüchern findest du besonders viele Bilder.
Kleinere Kinder können so besser
dem Verlauf der Erzählung folgen.

Inhaltsverzeichnis

In einem Buch findest du oft auf den ersten
oder den letzten Seiten eine Aufzählung
der Überschriften des Buches.
Dort kannst du nachlesen,
auf welcher Seite du welchen Text findest.
Wenn du in einem Tierbuch etwas über Bienen lesen möchtest,
musst du nicht das ganze Buch durchblättern.
Du liest nur das Inhaltsverzeichnis.
Dann weißt du, ob und wo in diesem Buch
etwas über Bienen steht.

Klappentext

Bevor du ein Buch liest, möchtest du sicher erfahren,
ob dir das Buch wohl gefallen könnte.
Auf der Rückseite vieler Bücher und auf den Innenklappen
findest du deshalb einen kurzen Text.
Man nennt ihn Klappentext. Er gibt dir Informationen
über den Autor und den Inhalt des Buches.

Lexikon

Ein Lexikon ist ein Buch, in dem du Informationen
über eine Sache, ein Tier, eine Begebenheit
oder auch wichtige Personen nachlesen kannst.
Im Lexikon sind die Wörter nach dem Abc geordnet.

Medien

Durch die Medien erhalten wir Informationen oder
Meinungen. Medien können uns aber auch unterhalten.
Dazu gehören Briefe, Zeitungen, Zeitschriften, Bücher,
aber auch Internet, Fernsehen und Radio.

Reim

Wenn zwei oder mehr Wörter oder nur Teile
dieser Wörter sehr gleich klingen, wie z.B. Hund – Mund,
spricht man von einem Reim. Du kennst sicher Abzählreime.
Auch die aufeinander folgenden Zeilen eines Gedichtes
klingen am Ende oft gleich. Sie reimen sich.

Sachbuch

In einem Sachbuch findest du Informationen
zu bestimmten Themen wie zum Beispiel
über Länder, Tiere oder über Technik.
Es enthält keine Geschichten.
In den meisten Sachbüchern findest du Bilder und Zeichnungen,
weil man damit vieles besser erklären kann.

Strophe

Du kannst bei einem Gedicht
einzelne Abschnitte erkennen. Man nennt sie Strophen.
Ein Gedicht kann aus einer Strophe oder
mehreren Strophen bestehen. Jede Strophe
besteht aus Zeilen, die man auch Verse nennt.
Oft reimen sich die letzten Wörter der Verse.

Text

Meist sprechen wir erst von einem Text,
wenn er mehrere Sätze umfasst.
Es gibt aber auch ganz kurze Texte,
die nur aus wenigen Wörtern bestehen.
Texte findest du zum Beispiel in Zeitungen,
in Büchern oder auf Plakaten.
Wenn du jemandem einen Brief,
ein Gedicht oder eine SMS schreibst,
hast du auch einen Text erstellt.

Titel

Der Titel ist die Überschrift einer Geschichte.
Alle Bücher haben einen Titel.
Er soll den Leser auf den Inhalt neugierig machen.
Der Titel steht immer auf dem Umschlag.
Er ist meist dick und groß gedruckt, damit er auffällt.
Darunter oder darüber findest du in etwas kleinerer Schrift
den Namen des Autors.

Überschrift

Überschriften sind Wörter, die „über" Texten stehen.
Sie sollten nur ein wenig von dem verraten,
was in der Geschichte erzählt wird.
Sie sollen den Leser neugierig machen,
damit er den Text liest.

Zeile (Zeilenzähler)

Wörter stehen auf einer Zeile nebeneinander.
Einen Text liest oder schreibst du also Zeile für Zeile.
Bei Gedichten nennt man diese Zeilen Verse.
In vielen Lesebüchern findest du am Rand der Zeilen Zahlen.
Diese geben an, in der wievielten Zeile des Textes
man gerade liest. Diese Zahlen heißen Zeilenzähler.